AF189535

Impressum
Verlag: BABADADA GmbH, Nedderfeld 112 , 22529 Hamburg
Geschäftsführer / Verlagsleitung: Harald Hof
Druck: Books on Demand GmbH, In de Tarpen 42, 22848 Norderstedt

Imprint
Publisher: BABADADA GmbH, Nedderfeld 112 , 22529 Hamburg, Germany
Managing Director / Publishing direction: Harald Hof
Print: Books on Demand GmbH, In de Tarpen 42, 22848 Norderstedt

делить
diviser

186/2

доска
tableau noir

классная комната
salle de classe

школьный двор
cour (de récréation)

учитель
professeur

бумага
papier

писать
écrire

ручка
stylo

письменный стол
bureau

линейка
règle

книга
livre

ученик
élève

ранец

cartable

пенал

trousse

карандаш

crayon

точилка

taille-crayon

ластик

gomme

альбом для рисования

carnet à dessin

рисунок

dessin

кисточка

pinceau

коробка красок

boîte de peinture

ножницы

ciseaux

клей

colle

тетрадь

cahier d'exercices

домашняя работа

devoirs

цифра

chiffre

прибавлять

additionner

вычитать

soustraire

умножать

multiplier

считать

calculer

буква

lettre

алфавит

alphabet

слово

mot

текст

texte

читать

lire

мел

craie

урок

leçon

классный журнал

livre de classe

экзамен

examen

диплом

certificat

школьная форма

uniforme scolaire

образование

formation

энциклопедия

lexique

университет

université

микроскоп

microscope

карта

carte

корзина для бумаг

corbeille à papier

гостиница
hôtel

турбаза
auberge

пункт обмена валюты
bureau de change

чемодан
valise

автомобиль
voiture

язык

langue

да / нет

oui / non

хорошо

d'accord

Привет

Salut

переводчик

interprète

Спасибо

merci

Сколько стоит...?

Combien coûte...?

Я не понимаю

Je ne comprends pas

проблема

problème

Добрый вечер!

Bonsoir !

Доброе утро!

Bonjour !

Доброй ночи!

Bonne nuit !

До свидания

Au revoir

направление

direction

багаж

bagages

сумка

sac

рюкзак

sac-à-dos

гость

hôte

комната

pièce

спальный мешок

sac de couchage

палатка

tente

туристическая информация
office de tourisme

пляж
plage

кредитная карточка
carte de crédit

завтрак
petit-déjeuner

обед
déjeuner

ужин
dîner

билет
billet

лифт
ascenseur

почтовая марка
timbre

граница
frontière

таможня
douane

посольство
ambassade

виза
visa

паспорт
passeport

путешествие - voyage

самолёт
avion

корабль
navire

пожарный автомобиль
véhicule de pompiers

автобус
bus

грузовик
camion

моторная лодка
bateau à moteur

автомобиль
voiture

велосипед
bicyclette

паром

ferry

лодка

barque

мотоцикл

moto

полицейский автомобиль

voiture de police

гоночный автомобиль

voiture de course

арендованный
автомобиль
voiture de location

совместное пользование
автомобилями
auto-partage

буксировочный
автомобиль
voiture de remorquage

мусоровоз
benne à ordures

двигатель
moteur

топливо
essence

заправка
station d'essence

дорожный знак
panneau indicateur

движение
trafic

пробка
embouteillage

автостоянка
parking

вокзал
gare

рельсы
rails

поезд
train

трамвай
tramway

вагон
wagon

вертолёт

hélicoptère

аэропорт

aéroport

вышка

tour

пассажир

passager

контейнер

conteneur

коробка

carton

тележка

chariot

корзина

corbeille

взлетать / приземляться

décoller / atterrir

город

ville

деревня

village

центр города

centre-ville

дом

maison

кинотеатр
cinéma

реклама
publicité

уличный фонарь
réverbère

CINEMA

улица
rue

такси
taxi

киоск
kiosque

пешеход
piéton

тротуар
trottoir

пешеходный переход
passage piéton

мусорное ведро
poubelle

перекрёсток
carrefour

светофор
feux de circulation

хижина

cabane

квартира

appartement

вокзал

gare

ратуша

mairie

музей

musée

школа

école

университет

université

банк

banque

больница

hôpital

гостиница

hôtel

аптека

pharmacie

офис

bureau

книжный магазин

librairie

магазин

magasin

цветочный магазин

fleuriste

супермаркет

supermarché

рынок

marché

универмаг

grand magasin

торговец рыбой

poissonnerie

торговый центр

centre commercial

порт

port

парк

parc

скамейка

banque

мост

pont

лестница

escaliers

метро

métro

тоннель

tunnel

автобусная остановка

arrêt de bus

бар

bar

ресторан

restaurant

почтовый ящик

boîte à lettres

табличка с названием
улицы

panneau indicateur

паркометр

parcmètre

зоопарк

zoo

бассейн

piscine

мечеть

mosquée

ферма
ferme

загрязнение окружающей среды
pollution

кладбище
cimetière

церковь
église

детская площадка
aire de jeux

храм
temple

ландшафт
paysage

лист
feuille

дорожный указатель
panneau indicateur

дорога
chemin

луг
pré

камень
pierre

дерево
arbre

путешественник
randonneur

река
rivière

трава
herbe

цветок
fleur

долина

vallée

гора

montagne

озеро

lac

лес

forêt

пустыня

désert

вулкан

volcan

замок

château

радуга

arc-en-ciel

гриб

champignon

пальма

palmier

комар

moustique

муха

mouche

муравей

fourmis

пчела

abeille

паук

araignée

жук

coléoptère

лягушка

grenouille

белка

écureuil

еж

hérisson

заяц

lièvre

сова

chouette

птица

oiseau

лебедь

cygne

кабан

sanglier

олень

cerf

лось

élan

плотина

barrage

ветряной генератор

éolienne

солнечная батарея

panneau solaire

климат

climat

официант
serveur

меню
menu

стул
chaise

суп
soupe

пицца
pizza

столовые приборы
couverts

скатерть
nappe

закуска

hors d'œuvre

главное блюдо

plat principal

десерт

dessert

напитки

boissons

еда

alimentation

бутылка

bouteille

фастфуд

fast-food

уличная еда

plats à emporter

чайник

théière

сахарница

sucrier

порция

portion

кофеварка

machine à expresso

детский стульчик

chaise haute

счет

facture

поднос

plateau

нож

couteau

вилка

fourchette

ложка

cuillère

чайная ложка

cuillère à thé

салфетка

serviette

стакан

verre

тарелка

assiette

суповая тарелка

assiette à soupe

блюдце

soucoupe

соус

sauce

солонка

salière

мельница для перца

moulin à poivre

уксус

vinaigre

масло

huile

специи

épices

кетчуп

ketchup

горчица

moutarde

майонез

mayonnaise

специальное предложение
offre promotionnelle

покупатель
client

молочные продукты
produits laitiers

фрукты
fruits

тележка для покупок
chariot

мясной магазин

boucherie

пекарня

boulangerie

взвешивать

peser

овощи

légumes

мясо

viande

быстрозамороженные
продукты

aliments surgelés

нарезка

charcuterie

консервы

conserves

стиральный порошок

poudre à lessive

сладости

bonbons

предмет домашнего обихода

articles ménagers

моющее средство

détergents

продавщица

vendeuse

касса

caisse

кассир

caissier

список покупок

liste d'achats

время работы

heures d'ouverture

бумажник

portefeuille

кредитная карточка

carte de crédit

сумка

sac

полиэтиленовый пакет

sac en plastique

вода

eau

сок

jus de fruit

молоко

lait

кока-кола

coca

вино

vin

пиво

bière

алкоголь

alcool

какао

chocolat chaud

чай

thé

кофе

café

эспрессо

expresso

капучино

cappuccino

банан

banane

яблоко

pomme

апельсин

orange

арбуз

melon

лимон

citron

морковь

carotte

чеснок

ail

бамбук

bambou

лук

oignon

гриб

champignon

орехи

noisettes

лапша

pâtes

спагетти

spaghetti

рис

riz

салат

salade

картофель фри

pommes frites

жареный картофель

pommes de terre rôties

пицца

pizza

гамбургер

hamburger

сэндвич

sandwich

шницель

escalope

ветчина

jambon

салями

salami

колбаса

saucisse

курица

poulet

жаркое

rôti

рыба

poisson

овсяные хлопья

flocons d'avoine

мюсли

muesli

кукурузные хлопья

cornflakes

мука

farine

круассан

croissant

булочка

petits-pains

хлеб

pain

тост

pain grillé

печенье

biscuits

масло

beurre

творог

le fromage blanc

пирог

gâteau

яйцо

œuf

яичница

œuf au plat

сыр

fromage

мороженое

glace

сахар

sucre

мёд

miel

мармелад

confiture

крем с нугой

crème nougat

карри

curry

крестьянский дом
ferme

тюк из соломы
botte de paille

сарай
grange

поле
champ

лошадь
cheval

прицеп
remorque

жеребёнок
poulain

трактор
tracteur

осёл
âne

овца
mouton

ягнёнок
agneau

коза

chèvre

корова

vache

телёнок

veau

свинья

porc

поросёнок

porcelet

бык

taureau

гусь

oie

утка

canard

цыплёнок

poussin

курица

poule

петух

coq

крыса

rat

кошка

chat

мышь

souris

вол

bœuf

собака

chien

конура

chenil

садовый шланг

tuyau de jardin

лейка

arrosoir

коса

faucheuse

плуг

charrue

серп

faucille

мотыга

pioche

навозные вилы

fourche

топор

hache

тачка

brouette

корыто

cuve

бидон для молока

pot à lait

мешок

sac

забор

clôture

хлев

étable

теплица

serre

почва

sol

посев

semences

удобрение

engrais

комбайн

moissonneuse-batteuse

собирать урожай

récolter

урожай

récolte

ямс

igname

пшеница

blé

соя

soja

картофель

pomme de terre

кукуруза

maïs

рапс

colza

фруктовое дерево

arbre fruitier

маниок

manioc

злаки

céréales

дымоход
cheminée

крыша
toit

водосточный желоб
gouttière

окно
fenêtre

гараж
garage

звонок
sonnette

дверь
porte

мусорное ведро
poubelle

почтовый ящик
boîte aux lettres

сад
jardin

гостиная

salon

ванная комната

salle de bain

кухня

cuisine

спальня

chambre à coucher

детская комната

chambre d'enfant

столовая

salle à manger

пол

sol

стена

mur

потолок

plafond

подвал

cave

сауна

sauna

балкон

balcon

терраса

terrasse

бассейн

piscine

газонокосилка

tondeuse à gazon

пододеяльник

housse

покрывало

couette

кровать

lit

метла

balai

ведро

sceau

выключатель

interrupteur

обои
papier peint

рисунок
image

лампа
lampe

полка
étagère

шкаф
armoire

телевизор
télé

камин
cheminée

цветок
fleur

подушка
coussin

диван
sofa

ваза
vase

пульт дистанционного управления
télécommande

ковёр

tapis

штора

rideau

стол

table

стул

chaise

кресло-качалка

chaise à bascule

кресло

fauteuil

книга

livre

покрывало

couverture

украшение

décoration

дрова

bois de chauffage

фильм

film

стереосистема

chaîne hi-fi

ключ

clé

газета

journal

картина

peinture

плакат

poster

радио

radio

блокнот

bloc-notes

пылесос

aspirateur

кактус

cactus

свеча

bougie

холодильник
réfrigérateur

микроволновая печь
four à micro-ondes

кухонные весы
balance de cuisine

тостер
grille-pain

моющее средство
détergent

духовка
four

морозилка
compartiment congélateur

мусорное ведро
poubelle

посудомоечная машина
lave-vaisselle

плита
four

кастрюля
casserole

чугунный котелок
marmite

вок / кадай
wok / kadai

сковорода
poêle

чайник
bouilloire electrique

пароварка

cuiseur vapeur

противень

plaque de cuisson

посуда

vaisselle

кружка

gobelet

миска

coupe

палочки для еды

baguettes

половник

louche

лопатка

spatule

сбивалка

fouet

сито

passoire

сито

tamis

тёрка

râpe

ступка

mortier

гриль

barbecue

костёр

cheminée

доска

planche à découper

скалка

rouleau à pâtisserie

штопор

tire-bouchon

жестяная банка

boîte

консервный нож

ouvre-boîte

прихватка

maniques

раковина

lavabo

щетка

brosse

губка

éponge

миксер

mixeur

морозильная камера

congélateur

бутылочка для кормления

biberon

кран

robinet

отопление
chauffage

душ
douche

полотенце
serviette

душевая занавеска
rideau de douche

пенистая ванна
bain moussant

ванна
baignoire

стакан
verre

стиральная машина
machine à laver

кран
robinet

плитка
carrelage

горшок
pot

раковина
lavabo

туалет

toilettes

напольный унитаз

toilette à la turque

биде

bidet

писсуар

urinoir

туалетная бумага

papier toilette

ершик

brosse à toilette

зубная щетка

brosse à dents

зубная паста

dentifrice

зубная нить

fil dentaire

мыть

laver

ручной душ

douche manuelle

интимный душ

douche intime

таз

vasque

щетка для спины

brosse dorsale

мыло

savon

гель для душа

gel douche

шампунь

shampooing

мочалка

gant de toilette

сток

écoulement

крем

crème

дезодорант

déodorant

зеркало

miroir

ручное зеркало

miroir cosmétique

бритва

rasoir

пена для бритья

mousse à raser

лосьон после бритья

après-rasage

расческа

peigne

щетка

brosse

фен

sèche-cheveux

лак для волос

laque pour cheveux

косметика

fond de teint

губная помада

rouge à lèvres

лак для ногтей

vernis à ongles

вата

ouate

маникюрные ножницы

coupe-ongles

духи

parfum

косметичка

trousse de toilette

табуретка

tabouret

весы

pèse-personne

халат

peignoir

резиновые перчатки

gants de nettoyage

тампон

tampon

гигиеническая прокладка

serviettes hygiéniques

биотуалет

toilette chimique

будильник
réveil

мягкая игрушка
doudou

игрушечный автомобиль
voiture jouet

погремушка
hochet

кукольный домик
maison de poupée

подарок
cadeau

воздушный шар

ballon

кровать

lit

детская коляска

poussette

карточная игра

jeu de cartes

пазл

puzzle

комикс

bande dessinée

кирпичики Лего

pièces lego

кубики

blocs de construction

игрушечная фигурка

figurine

ползунки

grenouillère

фрисби

frisbee

мобиле

mobile

настольная игра

jeu de société

кубик

dé

модель железной дороги

train miniature

соска

sucette

вечеринка

fête

книга с картинками

livre d'images

мяч

balle

кукла

poupée

играть

jouer

песочница

bac à sable

качели

balançoire

игрушка

jouets

игровая приставка

console de jeu

трёхколесный велосипед

tricycle

плюшевый медвежонок

ours en peluche

шкаф для одежды

armoire

одежда

vêtements

носки

chaussettes

чулки

bas

колготки

collant

шарф
écharpe

зонтик
parapluie

ремень
ceinture

футболка
t-shirt

сапоги
bottes

тапки
pantoufles

кроссовки
baskets

сандалии
sandales

ботинки
chaussures

резиновые сапоги
bottes de caoutchouc

трусы
sous-vêtements

бюстгальтер
soutien-gorge

майка
maillot de corps

боди

body

брюки

pantalon

джинсы

jean

юбка

jupe

блузка

chemisier

рубашка

chemise

свитер

pull

свитер

sweat à capuche

спортивная куртка

veste

жакет

veste

пальто

manteau

плащ

imperméable

костюм

costume

платье

robe

свадебное платье

robe de mariée

мужской костюм

costume

ночная сорочка

chemise de nuit

пижама

pyjama

сари

sari

платок

foulard

тюрбан

turban

паранджа

burqa

кафтан

caftan

абайя

abaya

купальник

maillot de bain

плавки

maillot de bain

шорты

short

спортивный костюм

tenue d'entraînement

фартук

tablier

перчатки

gants

одежда - vêtements

пуговица

bouton

очки

lunettes

браслет

bracelet

цепочка

collier

кольцо

bague

серьга

boucle d'oreille

шапка

bonnet

вешалка

cintre

шляпа

chapeau

галстук

cravate

застежка молния

fermeture éclair

шлем

casque

подтяжки

bretelles

школьная форма

uniforme scolaire

форма

uniforme

детский нагрудник

bavoir

соска

sucette

подгузник

lange

офис
bureau

сервер
serveur

канцелярский шкаф
armoire d'archivage

принтер
imprimante

монитор
écran

бумага
papier

письменный стол
bureau

мышь
souris

папка
classeur

клавиатура
clavier

корзина для бумаг
corbeille à papier

стул
chaise

компьютер
ordinateur

кофейная кружка

tasse de café

калькулятор

calculatrice

интернет

internet

ноутбук

ordinateur portable

письмо

lettre

сообщение

message

мобильный телефон

portable

сеть

réseau

ксерокс

photocopieuse

программа

logiciel

телефон

téléphone

розетка

prise

факс

fax

формуляр

formulaire

документ

document

покупать

acheter

платить

payer

торговать

faire du commerce

деньги

monnaie

доллар

dollar

евро

euro

иена

yen

рубль

rouble

франк

franc suisse

жэньминьби юань

renminbi yuan

рупия

roupie

банкомат

distributeur automatique

пункт обмена валюты

bureau de change

золото

or

серебро

argent

нефть

pétrole

энергия

énergie

цена

prix

договор

contrat

налог

taxe

акция

action

работать

travailler

служащий

employé

работодатель

employeur

фабрика

usine

магазин

magasin

милиционер
agent de police

пожарный
pompier

повар
cuisinier

врач
médecin

пилот
pilote

садовник
jardinier

столяр
menuisier

швея
couturière

судья
juge

химик
chimiste

актёр
acteur

водитель автобуса

conducteur de bus

таксист

chauffeur de taxi

рыбак

pêcheur

уборщица

femme de ménage

кровельщик

couvreur

официант

serveur

охотник

chasseur

художник

peintre

пекарь

boulanger

электрик

électricien

строитель

ouvrier

инженер

ingénieur

мясник

boucher

сантехник

plombier

почтальон

facteur

солдат

soldat

архитектор

architecte

кассир

caissier

флорист

fleuriste

парикмахер

coiffeur

кондуктор

contrôleur

механик

mécanicien

капитан

capitaine

зубной врач

dentiste

ученый

scientifique

раввин

rabbin

имам

imam

монах

moine

священник

prêtre

профессии - professions

молоток
marteau

плоскогубцы
pinces

отвёртка
tournevis

гаечный ключ
clé

карманный фона
torche

экскаватор

pelleteuse

ящик для инструментов

boîte à outils

стремянка

échelle

пила

scie

гвозди

clous

дрель

perceuse

ремонтировать

réparer

лопата

pelle

Блин!

Mince !

совок

pelle

ведро с краской

pot de peinture

винты

vis

музыкальные инструменты
instruments de musique

ударный инструмент
batterie

громкоговоритель
haut-parleurs

гитара
guitare

контрабас
contrebasse

труба
trompette

пианино

piano

скрипка

violon

бас-гитара

basse

литавры

timbales

барабан

tambour

синтезатор

piano électrique

саксофон

saxophone

флейта

flûte

микрофон

microphone

музыкальные инструменты - instruments de musique

тигр
tigre

вход
entrée

клетка
cage

зебра
zèbre

корм
alimentation animale

панда
panda

животные
animaux

слон
éléphant

кенгуру
kangourou

носорог
rhinocéros

горилла
gorille

медведь
ours

верблюд

chameau

страус

autruche

лев

lion

обезьяна

singe

фламинго

flamand rose

попугай

perroquet

белый медведь

ours polaire

пингвин

pingouin

акула

requin

павлин

paon

змея

serpent

крокодил

crocodile

служитель зоопарка

gardien de zoo

тюлень

phoque

ягуар

jaguar

пони

poney

леопард

léopard

бегемот

hippopotame

жираф

girafe

орёл

aigle

кабан

sanglier

рыба

poisson

черепаха

tortue

морж

morse

лиса

renard

газель

gazelle

американский футбол
american Football

езда на велосипеде
cyclisme

теннис
tennis

баскетбол
basket-ball

плавание
natation

бокс
boxe

хоккей
hockey sur glace

футбол
football

бадминтон
badminton

лёгкая атлетика
athlétisme

гандбол
handball

лыжный спорт
ski

поло
polo

смеяться
rire

прыгать
sauter

обнимать
embrasser

петь
chanter

идти
marcher

молиться
prier

целовать
faire la bise

мечтать
rêver

писать
....
écrire

рисовать
....
dessiner

показывать
....
montrer

нажимать
....
pousser

давать
....
donner

брать
....
prendre

иметь

avoir

делать

faire

быть

être

стоять

être debout

бежать

courir

тянуть

trier

бросать

jeter

падать

tomber

лежать

être couché

ждать

attendre

носить

porter

сидеть

être assis

надевать

s'habiller

спать

dormir

просыпаться

se réveiller

рассматривать

regarder

плакать

pleurer

гладить

caresser

причесывать

peigner

говорить

parler

понимать

comprendre

спрашивать

demander

слушать

écouter

пить

boire

кушать

manger

наводить порядок

ranger

любить

aimer

готовить

cuire

ехать

conduire

летать

voler

ходить под парусом

faire de la voile

считать

calculer

читать

lire

учиться

apprendre

работать

travailler

вступать в брак

se marier

шить

coudre

чистить зубы

brosser les dents

убивать

tuer

курить

fumer

отправлять

envoyer

бабушка
grand-mère

дедушка
grand-père

папа
père

мама
mère

младенец
bébé

дочь
fille

сын
fils

гость

hôte

тетя

tante

дядя

oncle

брат

frère

сестра

sœur

лоб
front

глаз
œil

плечо
épaule

палец
doigt

лицо
visage

подбородок
menton

кисть
main

грудь
poitrine

нога
jambe

рука
bras

младенец

bébé

мужчина

homme

женщина

femme

девочка

fille

мальчик

garçon

голова

tête

спина

dos

живот

ventre

пупок

nombril

палец ноги

orteil

пятка

talon

кость

os

бедро

hanche

колено

genou

локоть

coude

нос

nez

ягодицы

fesses

кожа

peau

щека

joue

ухо

oreille

губа

lèvre

рот

bouche

зуб

dent

язык

langue

мозг

cerveau

сердце

cœur

мышца

muscle

лёгкое

poumons

печень

foie

желудок

estomac

почки

reins

половой акт

rapport sexuel

презерватив

préservatif

яйцеклетка

ovule

сперма

sperme

беременность

grossesse

менструация

menstruation

вагина

vagin

пенис

pénis

бровь

sourcil

волосы

cheveux

шея

cou

больница
hôpital

машина скорой помощи
ambulance

кресло-каталка
fauteuil roulant

перелом
fracture

врач

médecin

пункт первой помощи

service des urgences

медсестра

infirmière

неотложный случай

urgence

без сознания

inconscient

боль

douleur

повреждение

blessure

кровотечение

hémorragie

инфаркт

crise cardiaque

инсульт

attaque cérébrale

аллергия

allergie

кашель

toux

повышенная температура

fièvre

грипп

grippe

понос

diarrhée

головная боль

mal de tête

рак

cancer

диабет

diabète

хирург

chirurgien

скальпель

scalpel

операция

opération

КТ

CT

рентген

radiographie

ультразвук

échographie

маска

masque

болезнь

maladie

приёмная

salle d'attente

костыль

béquille

пластырь

pansement

бинт

pansement

укол

injection

стетоскоп

stéthoscope

носилки

brancard

термометр

thermomètre

рождение

accouchement

избыточный вес

surcharge pondérale

слуховой аппарат

appareil auditif

дезинфекционное средство

désinfectant

инфекция

infection

вирус

virus

ВИЧ / СПИД

VIH / sida

лекарство

médicament

прививка

vaccination

таблетки

comprimés

противозачаточная таблетка

pilule

экстренный вызов

appel d'urgence

прибор для измерения кровяного давления

tensiomètre

больной / здоровый

malade / sain

Помогите!

Au secours !

сигнал тревоги

alarme

нападение

assaut

атака

attaque

опасность

danger

запасной выход

sortie de secours

Пожар!

Au feu!

огнетушитель

extincteur

несчастный случай

accident

аптечка

trousse de premier secours

SOS

SOS

милиция

police

Европа

Europe

Северная Америка

Amérique du Nord

Южная Америка

Amérique du Sud

Африка

Afrique

Азия

Asie

Австралия

Australie

Атлантический океан

Océan atlantique

Тихий океан

Océan pacifique

Индийский океан

Océan indien

Антарктический океан

Océan antarctique

Северный Ледовитый
океан

Océan arctique

Северный полюс

pôle nord

Южный полюс

pôle sud

Антарктика

Antarctique

земля

terre

суша

pays

море

mer

остров

île

нация

nation

государство

état

циферблат

cadran

часовая стрелка

aiguille des heures

минутная стрелка

aiguille des minutes

секундная стрелка

aiguille des secondes

Который час?

Quelle heure est-il ?

день

jour

время

temps

сейчас

maintenant

электронные часы

montre digitale

минута

minute

час

heure

понедельник
lundi

среда
mercredi

пятница
vendredi

вторник
mardi

четверг
jeudi

суббота
samedi

воскресенье
dimanche

вчера

hier

сегодня

aujourd'hui

завтра

demain

утро

matin

полдень

midi

вечер

soir

рабочие дни

jours ouvrables

выходные

week-end

дождь
pluie

радуга
arc-en-ciel

ветер
vent

снег
neige

весна
printemps

лето
été

осень
automne

зима
hiver

прогноз погоды

météo

термометр

thermomètre

солнечный свет

lumière du soleil

туча

nuage

туман

brouillard

влажность воздуха

humidité

молния

foudre

гром

tonnerre

буря

tempête

град

grêle

муссон

mousson

наводнение

inondation

лёд

glace

январь

janvier

февраль

février

март

mars

апрель

avril

май

mai

июнь

juin

июль

juillet

август

août

год - année

сентябрь

septembre

октябрь

octobre

ноябрь

novembre

декабрь

décembre

формы

formes

круг

cercle

квадрат

carré

прямоугольник

rectangle

треугольник

triangle

шар

sphère

куб

cube

белый

blanc

желтый

jaune

оранжевый

orange

розовый

rose

красный

rouge

лиловый

violet

синий

bleu

зелёный

vert

коричневый

marron

серый

gris

черный

noir

много / мало

beaucoup / peu

яростный / мирный

fâché / calme

красивый / уродливый

joli / laid

начало / конец

début / fin

большой / маленький

grand / petit

светлый / темный

clair / obscure

брат / сестра

frère / soeur

чистый / грязный

propre / sale

полный / неполный

complet / incomplet

день / ночь

jour / nuit

мёртвый / живой

mort / vivant

широкий / узкий

large / étroit

съедобный / несъедобный

comestible / incomestible

злой / дружелюбный

méchant / gentil

взволнованный /
скучающий
excité / ennuyé

толстый / худой

gros / mince

сначала / в конце

premier / dernier

друг / враг

ami / ennemi

полный / пустой

plein / vide

твёрдый / мягкий

dur / souple

тяжёлый / легкий

lourd / léger

голод / жажда

faim / soif

больной / здоровый

malade / sain

незаконный / законный

illégal / légal

умный / глупый

intelligent / stupide

слева / справа

gauche / droite

близко / далеко

proche / loin

новый / подержанный

nouveau / usé

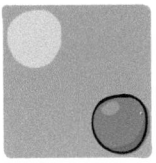

ничто / нечто

rien / quelque chose

старый / молодой

vieux / jeune

включено / выключено

marche / arrêt

открыто / закрыто

ouvert / fermé

тихо / громко

faible / fort

богатый / бедный

riche / pauvre

правильный /
неправильный
correct / incorrect

шероховатый / гладкий

rugueux / lisse

печальный / счастливый

triste / heureux

короткий / длинный

court / long

медленный / быстрый

lent / rapide

мокрый / сухой

mouillé / sec

тёплый / прохладный

chaud / froid

война / мир

guerre / paix

0

ноль

zéro

1

один

un / une

2

два

deux

3

три

trois

4

четыре

quatre

5

пять

cinq

6

шесть

six

7

семь

sept

8

восемь

huit

9

девять

neuf

10

десять

dix

11

одиннадцать

onze

12

двенадцать

douze

13

тринадцать

treize

14

четырнадцать

quatorze

15

пятнадцать

quinze

16

шестнадцать

seize

17

семнадцать

dix-sept

18

восемнадцать

dix-huit

19

девятнадцать

dix-neuf

20

двадцать

vingt

100

сто

cent

1.000

тысяча

mille

1.000.000

миллион

million

английский

anglais

американский английский

anglais américain

мандаринский китайский

chinois mandarin

хинди

hindi

испанский

espagnol

французский

français

арабский

arabe

русский

russe

португальский

portugais

бенгальский

bengali

немецкий

allemand

японский

japonais

я
....
je

ты
....
tu

он / она / оно
....
il / elle / ce, c', cela

мы
....
nous

вы
....
vous

они
....
ils / elles

кто?
....
Qui ?

что?
....
Quoi ?

как?
....
Comment ?

где?
....
Où ?

когда?
....
Quand ?

имя
....
nom

за

derrière

в

dans

перед

devant

над

au-dessus

на

sur

под

en-dessous

рядом

à côté de

между

entre

место

lieu